Anonymous

Es müssen doch schöne Erinnerungen sein

Mitteilungen der Österreichischen Gesellschaft der Friedensfreunde

Anonymous

Es müssen doch schöne Erinnerungen sein
Mitteilungen der Österreichischen Gesellschaft der Friedensfreunde

ISBN/EAN: 9783743375147

Hergestellt in Europa, USA, Kanada, Australien, Japan

Cover: Foto ©ninafisch / pixelio.de

Manufactured and distributed by brebook publishing software (www.brebook.com)

Anonymous

Es müssen doch schöne Erinnerungen sein

„Es müssen doch schöne Erinnerungen sein"

MITTHEILUNGEN

der

Oesterreichischen Gesellschaft der Friedensfreunde.

WIEN, 1892.

Selbstverlag der Oesterreichischen Gesellschaft der Friedensfreunde

I. Morzinpl. 4.

Vorwort.

In Uebereinstimmung mit § 2 der Vereinsstatuten fand am 26. Mai d. J. im kleinen Musikvereins-Saal ein Vortragsabend der »Österreichischen Gesellschaft der Friedensfreunde« statt. Das kleine, aber gut gewählte und interessante Programm vereinigte ein in Anbetracht der vorgeschrittenen heissen Jahreszeit sehr zahlreich zu nennendes Publikum, das sich sowohl aus Vereinsmitgliedern als auch aus nicht dem Vereine angehörenden Freunden der Friedensbestrebungen zusammensetzte. Die Stimmung der Anwesenden, unter denen sich zahlreiche, durch Namen und Stellung hervorragende Persönlichkeiten befanden, war eine so weihevolle, dass der Ausdruck »Andachtsübung,« mit welchem die Präsidentin des Vereins, Bertha Freiin von Suttner, den Vortrags-Abend bezeichnete, ein überaus glücklich gewählter war. »Wer unser Ziel« — bemerkte die Vereins-Präsidentin in ihrer Begrüssungsrede — »so recht erfasst hat, der muss, auch wenn er diesem Ziel nur um einen Schritt näher zu rücken hofft, die Weihe unserer Aufgabe empfinden. In diesem Sinne möchte ich auch unsere heutige Versammlung eine Art Andachtsübung nennen. Denn es sollen keine inneren Vereinsangelegenheiten berathen, keine Anträge zum Beschlusse gebracht werden; wir wollen nur durch einige einschlägige Vorträge uns in unseren Gesinnungen stärken — unsere Herzen erheben.«

Bereits der erste Vortrag, ein überaus gehaltvoller Bericht des Vice-Präsidenten, Alfred Fürst Wrede: »Ueber den gegenwärtigen Stand der Friedensbewegung« fand vollen und warmen Beifall von allen Seiten des anwesenden Auditoriums. Dieser Beifall nahm einen geradezu stürmischen Charakter an, als Fürst Wrede die in grosser Anzahl erschienenen Vertreter des eben gegründeten »Wiener Akademischen Friedensvereines«

begrüsste und dabei die Hoffnung aussprach, »dass nun ein Theil unserer Studirenden den engherzigen nationalen Vorurtheilen, dem Geiste der Verhetzung und Gehässigkeit entsagen und sich jenen Ideen zuwenden werde, welche der Humanität dienen«. Auch die übrigen Programm-Punkte des Vortragsabendes, die ebenso sinnige als tiefe Plauderei unseres Volksdichters P. K. Rosegger, die künstlerisch vornehme Declamation des Hamerling'schen Gedichtes »Der Stern des Ares« durch die liebenswürdige Hofburgschauspielerin Frau Lewinsky-Precheisen, die erschütternde, eigens für den Vortragsabend gedichtete Novelle: »Es müssen doch schöne Erinnerungen sein« von Baronin Bertha von Suttner, sowie die Zuschrift des berühmten französischen Akademikers und Staatsmannes Jules Simon an die: »Oesterreichische Gesellschaft der Friedensfreunde« fanden eine geradezu begeisterte Aufnahme.

Der grosse Erfolg, den dieser erste Vortragsabend der österreichischen Gesellschaft der Friedensfreunde sowohl bei dem Publikum wie bei der Presse gefunden, hat nun in uns den Wunsch wachgerufen, auch Jene, die sich am 20. Mai d. J.

nicht im kleinen Musikvereins-Saale befanden, mit den daselbst gehaltenen Vorträgen bekannt zu machen. Diesen Wunsch zu erfüllen, wurde uns durch die Liebenswürdigkeit unseres Vereinsmitgliedes, des Herrn Alexander Fischel ermöglicht. Der Eindruck, den der Vortragsabend auf das genannte Vereinsmitglied ausgeübt, war nämlich ein so tiefer, dass sich Herr Alexander Fischel freiwillig bereit erklärt hat, die nicht unbedeutenden Kosten für die Herstellung einer kleinen Schrift, die das ganze Programm des Vortragsabendes enthalten und zu Gunsten des Vereins-Fondes ausgegeben werden soll, aus Eigenem zu bestreiten.

Den Titel: »Es müssen doch schöne Erinnerungen sein« für die auf diesem Wege entstandene Vereinspublication haben wir ohne innere Beziehung zu dem gleichnamigen Beitrag der Baronin Suttner gewählt. Aber dieser Titel dürfte vielleicht am besten geeignet sein, einerseits bei den Theilnehmern des Vortragsabendes die Erinnerung an dessen schöne Stunden wachzurufen und dauernd frisch zu erhalten und andererseits neuen Freunden Gelegenheit zu geben, sich des reinen Genusses erinnern zu können, den die Beschäftigung mit einer edlen Sache hervorruft.

Indem wir all den Vortragenden, die sich am 26. Mai 1892 in den Dienst unserer Friedensidee gestellt, der Presse, die sich unserer überaus warm angenommen, Herrn Alexander Fischel und nicht zum mindesten auch unserem Vereinsmitgliede Herrn Prosper Piette für ihre werkthätige Unterstützung den besten Dank aussprechen, geben wir uns der angenehmen Hoffnung hin, dass die vorliegende kleine Schrift unsere alten Freunde in ihrer Anhänglichkeit bestärken und uns auch recht zahlreiche neue Anhänger zuführen werde.

Das Actions-Comité.

Es müssen doch schöne Erinnerungen sein!..

Von Bertha von Suttner.

Dass ich zwischen fünf und sechs zu Hause sei, hatte ich meinen Freunden und Bekannten zu wissen gemacht.

An jenem Nachmittage, von dem ich erzählen will, war zufällig eine grössere Gesellschaft zusammengetroffen, darunter einige unserer Vereinsgenossen, aber noch mehr Aussenstehende.

Die Unterhaltung drehte sich — genau weiss ich es nicht mehr — vermuthlich um irgend ein neues Theaterstück, oder um die sociale Gefahr, oder um das Überhandnehmen der Kleiderschleppe, vielleicht — sehr wahrscheinlich sogar — auch um das Wetter. Wovon aber die längste Zeit nicht gesprochen wurde, welches Thema zu berühren man ängstlich vermied, dessen kann ich mich genau entsinnen: das ist die Existenz der Friedensgesellschaften.

Im Hause eines Gehenkten pflegt man den Strick nicht zu erwähnen und im Sinne dieser selben zarten Rücksicht sind die Leute, uns militanten Friedensfreunden gegenüber, stets bemüht, nur ja keine Anspielungen auf unsere unpraktischen Ziele zu machen, auf unsere von den Meisten belächelte, von Manchem sogar scheel angesehene »fixe Idee«. Im Übrigen lässt sich ja ganz vernünftig mit uns reden, wozu also uns auf einen Gegenstand bringen, in welchem wir von kindischer Schwärmerei befangen sind; warum der unangenehmen Alternative sich aussetzen, entweder höfliche Falschheit anzuwenden und ernsthaft über Dinge sprechen, über die man eben in anderer Gesellschaft gespottet hat, oder uns mit aufrichtiger Grobheit ins Gesicht zu sagen, dass wir Unmögliches wollen, oder doch einen unmöglichen Weg eingeschlagen, mit einem Wort, dass es uns — in diesem Punkte wenigstens — an Vernunft fehlt.

Und wir lassen es zumeist auch bei diesem Usus bewenden. Es ist ein gar so ungemüthliches und dabei unfruchtbares Beginnen, die landläufigen Einwendungen immer wieder anzuhören, immer wieder entkräften zu sollen und dabei zu wissen, dass man von seinem Widerpart von vornherein als — ich will nicht sagen, als verrückt, aber als fanatisiert betrachtet wird.

Ebenso unbequem wie die im geselligen Umgang versuchte Bekehrung, ist die Salon-Belehrung. Wenn da Einer mit ungeheuer wissbegieriger und masslos staunender Miene — als erkundigte er sich über einen fabelhaften, in der Milchstrasse sich abspielenden Vorfall — uns fragt: »Ach, sagen Sie mir doch, ich bitte. . das ist ja höchst merkwürdig... was ist denn das eigentlich für eine Bewegung... wo will sie denn hinaus?... und hat sie denn wirklich schon Anhänger?«

Da kann man nur mit einem tiefen Seufzer antworten — und mittels einer leicht hingeworfenen Wendung lenkt man das Gespräch wohl selber ab.

Häufig wird Einem auch mit freundlicher Übereinstimmung begegnet: »Aber natürlich! Wir sind ja alle Friedensfreunde und einmal... in vielen hundert Jahren...«

Nun ja, was man nicht ausgeführt sehen will, aber offen zu verwerfen nicht den Muth hat, das vertagt man ganz einfach. Diese ganze herablassende Versicherung, dass wir im Grunde ganz dasselbe wollen wie ringsum alle Welt, und dass im Lauf der Zeiten — so ungefähr in einem recht schlachtengefüllten halben Jahrtausend — unser Friedensideal sich von selber erfüllen werde — damit verleiht man uns doch deutlich ein Überflüssigkeitspatent.

Und leider: viele aus unseren eigenen Reihen, die Lauen und die Zagenden, oder die da fürchten, für gar zu »unpraktisch« gehalten zu werden, geben selber diese Jahrhundertefrist zu.

Wenn sich das bewahrheitet, wenn es wirklich noch das Werk vieler Generationen bedarf, um mit dem grössten Unglück aufzuräumen, das die Menschheit kennt, dann wird der Beweis noch nicht erbracht sein, dass es so lange dauern musste, sondern es kann die Ursache dieser Verlangsamung eben darin liegen, dass man an die Ferne des Ziels, wie an ein Dogma glaubte.

Freilich entstehen grosse Umwandlungen nicht rasch — aber erwägt man denn nicht, wie viel der stillen, unbemerkt gebliebenen Vorbereitung schon vor unserer Gegenwart geschehen? Keinesfalls zeugt die Langsamkeit in der Erreichung eines Ziels für die Länge eines Weges — sie kann auch aus der Schleichbewegung des Schrittes folgen. Die Hauptsache ist, dass man sich überhaupt auf den Weg macht; — was von menschlichen Entschliessungen abhängt, das muss auch mit Entschlossenheit gethan werden.

An jenem Nachmittage wurde dennoch mit der Sitte gebrochen, über die Dinge zu schweigen, mit Bezug auf welche die Hausfrau und einige ihrer Freunde mit so notorischer Geistesschwäche behaftet sind. Ganz plötzlich — es wirkte wie eine kalte Douche — warf einer die Frage auf: »Nun, meine Herrschaften, wie steht es mit der Abrüstung — haben Sie den ewigen Frieden noch nicht durchgesetzt?«

Der frivole Hohn, der in diesen Worten lag, verletzte sogar einen unserer Gegner. Ohne uns Zeit zu lassen, zu erwidern, nahm ein alter Herr, der noch vor Kurzem erklärt hatte, sich den Friedensfreunden nicht anschliessen zu wollen, jetzt selber für dieselben Partei:

»Die Herrschaften haben ja gar nicht die Absichten, die Sie ihnen zuschreiben; sie wollen ja nur den Grundsatz der allgemeinen Menschenliebe verbreiten, nur die Friedfertigkeit und Sanftmuth pflegen und veredelnd auf die Gemüther einwirken, damit allmälig die Kriege seltener werden ...«

Ach, bei diesem Plaidoyer — die reine Limonade — war es bald um meine eigene Sanftmuth und Friedfertigkeit geschehen, aber ich, wollte nicht unterbrechen. Dies that dann Jemand anderer.

»Ach, ich bitte Sie, wie sollten denn die Menschen jemals solche Engel werden? Wie soll denn so viel Friede und Güte alle Herzen füllen? Und ist die Predigt: ‚liebet einander‘ etwa neu? Wird sie nicht von allen Kirchen gepredigt, jedenfalls weit vernehmbarer als von den obscuren Friedensfreunden — und doch, mit wie wenig Erfolg? Beweist das nicht klar, dass es der menschlichen Natur unmöglich ist, allen Groll zu ersticken, ohne Streit zu leben und von allumfassender Liebe zu überfliessen ...«

»Das ist auch gar nicht nöthig,« rief einer von den unsern. »Der Groll soll nur weiter gähren, aber nicht gegen den Grenznachbar, sondern gegen das Unrecht aller Orten; der Streit braucht nicht aufzuhören, nur anders soll er geschlichtet werden, als durch Kolbenschläge. Und alle Welt zu lieben, das verdient ‚alle Welt‘ wahrlich nicht! Aber auf den Hass, den organisirten, zum blindwüthigen aufgestachelten, zum Gesetz erhobenen Hass soll verzichtet werden. Gar so zärtlicher, überall hin träufelnder Nächstenliebe bedarf es doch nicht, um dem Toben und Morden und Brennen zu entsagen, bei welchem man zuweilen mitgemordet und mitverbrannt wird.«

Jetzt meldete sich aber ein Vertheidiger des gegnerischen Systems — ein sehr junger Reservelieutenant:

»Dass der Krieg nicht mit Rosenwasser geführt wird, das wissen wir; — dass er im Zeichen des Todes und der Todesverachtung seine erhabene Mission erfüllt, das wissen wir auch und das erhöht in den Augen des Tapferen seine schaurige Grösse. Kleinlich ist es, entnervend und sogar gefährlich wirkt es, immer nur dessen Leiden statt dessen Ruhm hervorzuheben, dessen herrlich strahlendes Bild verdunkeln zu wollen. Es müssen gar stolze, es müssen doch schöne Erinnerungen sein, die ... «

»Schöne Erinnerungen — oh!« Der leise Ausruf kam von den Lippen eines an meiner Seite sitzenden Vereinsgenossen. In dem Tone lag so viel Schmerz, dass ich betroffen den Sprecher anblickte. Ein Schauer schüttelte ihn. Ohne auf die fortgesetzte Heldenstandrede zu lauschen, fragte ich halblaut:

»Sie haben wohl schreckliche Erinnerungen aus Ihren Feldzügen mitgebracht?«

Es war mir bekannt, dass — ich darf ihn nicht nennen — dass Herr von X in mehreren Kriegen mitgefochten.

»Erzählen Sie.«

Er schüttelte den Kopf. »Vergessen wollte ich,« murmelte er.

»Ich bitte Sie darum.«

»Gut. Aber ein andermal, wenn wir mehr unter uns sind.«

Unterdessen war der Panegyriker des Krieges doch niedergestimmt worden. Auf seinen lebhaft ausgedrückten Wunsch, »es möge bald losgehen«, damit er Gelegenheit habe, die schönen Erinnerungen zu sammeln, da hiess es doch von allen Seiten: »Der Himmel sei vor!« Solch' ein Riesenunglück wie der nächste Millionenkrieg! Nein, nein, darin sind alle einig — die Regierungen voran — der Frieden muss erhalten werden.«

Ich benützte diese Wendung:

»Nun also, wenn dies Ihre Ansicht ist, so treten Sie uns bei.«

Jetzt aber kehrten sie den überlegenen Skepticismus wieder vor. Das Zweifeln nimmt sich so gewissermassen geistig schärfer und vornehmer aus als das vertrauensselige Glauben... und wenn uns Einer sagt: »Ich wollte ja gern Ihre Hoffnungen theilen, aber ich bin etwas pessimistisch angehaucht.. ich habe eine sehr skeptische Natur,« so wird er sich einer gewissen Verstandesüberlegenheit bewusst und glaubt sich jedenfalls vor dem Verdachte der Naivetät gefeit. Aber sieht man denn nicht ein, dass die Sache sich eigentlich umgekehrt verhält? Die Ketzer, die Zweifler sind wir... und jene sind die Blindgläubigen. Jene wagen es nicht — nicht einmal in Gedanken — an dem tausendjährigen Dogma von der Unvermeidlichkeit des Krieges zu rütteln, s i e nehmen fraglos hin, was die überkommenen Institutionen, die officiellen Reden und Schulbücher hierüber verkünden; wir hingegen sind es, die von dem finsteren Glaubenssatz, dass der Mensch ewig wild, und ewig grausam und ewig elend zu bleiben habe, mit trotzigem Zweifelmuthe sagen: »Das glauben wir nicht!«

Das nächste Argument, mit welchem meine Gäste sich der Werbung widersetzten, war dieses:

»Aber, Verehrteste, was nützte denn unser Beitritt? Was kann denn der Einzelne mit seinem frommen Wunsch, was können denn ein paar vereinigte hundert, selbst ein paar Tausend machtlose Privatleute? Es wäre ja wunderschön, aber man stösst an so viele Schwierigkeiten und Misshelligkeiten . . . es ist aussichtslos, aussichtslos . . .«

»Sie meinen wohl auch, dass es ein eitles Beginnen wäre, wollten einige Haidekräutlein einen Felsen bekleiden?«

»Ganz richtig, der Vergleich ist gut; unabsehbar lange braucht es, bis ein Felsen bekleidet wird und da müssen auch andere, mächtigere Pflanzen, ein paar hochwüchsige Tannen mitthun.«

»So hören Sie, was Björnstjerne Björnson sagt, derselbe Björnson, der auch einer von den Unsern geworden ist, der kürzlich im Concertpalais von Kopenhagen vor einer ihm zujubelnden Menge, (sein Vaterland vergöttert ihn) worunter das Königspaar von Dänemark sich befand, in glühender Rede für die Abschaffung des Krieges eingetreten ist.

In seinem Märchenbuche ‚Arne' erzählt uns der norwegische Dichter von eben diesem Fall, dass Haidekraut, Wachholder, Eiche, Föhre und Birke sich entschliessen, den nackten Felsen, der vor ihnen liegt, zu bekleiden. Die Versuche misslingen lange. Es ist deutlich genug, der Felsen will nicht bekleidet werden; so oft die Bäume sich ein wenig empor gearbeitet haben, kommt ein Bach, der zum Strom wächst und alles hinunter wirft. Sie fangen aber immer wieder von Neuem an.

So war der Tag endlich gekommen, wo das Haidekraut mit einem Auge über die Felsenkante hinwegsehen konnte. ‚O jeh, o jeh, o jeh!' sagte das Haidekraut und weg war es. ‚Lieber, was ist's, das das Haidekraut sieht' sagte der Wachholder und kam so weit, dass er hinübergucken konnte: ‚O jeh, o jeh!' schrie er und war weg. Als endlich Föhre und Birke sich hinauf gearbeitet haben und den Kopf über den Felsen empor kriegen, rufen sie: ‚O jeh! steht nicht ein grosser Wald aus Föhren und Haidekraut und Wachholder und Birken in der Ebene dort und erwartet uns?' — Sie begegnen der Arbeit, die auf der anderen Seite gemacht worden ist, um den Felsen zu bekleiden.

»Ja, so ist es, wenn man vorwärts strebt,« sagte der Wachholder.

* * *

Im Salon herrschte eine kurze Stille, nachdem das letzte Wort des Märchens verklungen war. Dann aber erhob sich Einer zum Gehen und damit war das Zeichen zum allgemeinen Aufbruch gegeben. Auch Herr von X. wollte sich mit den anderen entfernen, wir aber, mein Mann und ich, hielten ihn zurück.

Und nachdem wir allein geblieben:

»Jetzt erzählen Sie, Sie haben uns versprochen, jene Erinnerung . . . «

»Wohlan,« sagte er, »es wird das erstemal sein, dass ich das Ding erzähle. Vielleicht benützen Sie es gelegentlich . . . «

»Dürfte ich Ihren Namen nennen?«

»Das werden Sie nicht thun wollen, denn es würde mir sicherlich Verdruss zuziehen.«

»Dann werde ich Sie allerdings nicht nennen. Sprechen Sie.«

Er lehnte sich eine Weile schweigend und mit geschlossenen Augen in den Fauteuil zurück und wieder durchlief es ihn, wie vorhin, mit einem Schauer. Dann richtete er sich auf und begann

»Es war nach der Schlacht von Orleans . . .«

Doch ehe ich in der Erzählung meines Freundes fortfahre, möchte ich ein Wort voraus senden. Für das, was folgt, bleibt mein Gewährsmann ungenannt — ich bin meines Zeichens Schriftstellerin; der Verdacht liegt nahe, dass die dem Erzähler geliehenen Ansichten, oder gar die ganze Erzählung eitel Erfindung sei. So stehe ich denn mit meinem persönlichen Ehrenworte dafür ein, dass ich nur wiederhole, was der einstige Officier mir mitgetheilt hat. Den Wortlaut natürlich verbürge ich nicht. Die Ausführung des Bildes mag einige Striche und Abschattungen aufweisen, die ich dazu gethan, aber der Grundriss, das Erlebniss nämlich, ist echt; und ebenso echt die Grundfarbe, d. h. das Weh, welches das Herz des Erzählers noch während des Erzählens durchzitterte.

»Es war nach der Schlacht von Orleans, Tage lang war um den endlichen Sieg gerungen worden. Jetzt wurden wir als vorgeschobene Posten nach einer kleinen Ortschaft — der Name soll auch nicht genannt sein — ein paar Stunden über Orleans hinaus dirigirt.

Wir ritten dahin, erschöpft, durchnässt — seit 48 Stunden regnete es — und hungrig. Das sind drei Zustände, glauben Sie mir, die, wenn sie zusammentreffen, und seit Wochen und Monden sich oft wiederholt haben, gar deprimirend auf die Kriegsbegeisterung wirken, denn der böse Gedanke: ‚Warum? Warum denn!' pflegt da öfter aufzusteigen.

Sehr vorsichtig mussten wir uns vorwärts bewegen, denn die Stimmung in der Gegend war eine erregte; wenn wir auch die reguläre Armee im Rückzug wussten, es galt, sich vor den Scharen der Franctireurs zu hüten. Die verdammten Mörder! Auf die concentrirten wir die ganze Wuth und sittliche Entrüstung, welche dem Begriffe Todtschlagen anhaftet, einer Entrüstung, welcher ja im Kampf gegen wirkliche Truppen kein Raum gelassen wird, der wir aber den feindlichen Franctireurs gegenüber Luft machen konnten. Dabei war uns die Erinnerung an die Freischaren unserer Väter von 1812 und 13, während des Rückzugs der Franzosen aus Russland, gänzlich abhanden gekommen.

Rechts und links ausspähend, trabten wir weiter und zu wiederholten Malen fielen aus den Gebüschen abgefeuerte Schüsse in unsere Reihen — wir konnten der Gegner nicht ansichtig werden. Zwei oder drei unserer Leute wurden getroffen und blieben unterwegs liegen — — das zählt nicht.

Endlich, gegen Abend, näherten wir uns dem Ziel. Noch eine Biegung des Weges und das Dorf lag vor uns, in sanftes Dämmerlicht getaucht.

Ich seh' es noch vor mir: inmitten eines grünen Thales; die Häuser von Gärten umgeben; eine kleine Kirche mit rundem Zwiebelthurm und eben läutete die Glocke zum ave Maria. Mehrere unserer Soldaten machten das Zeichen des Kreuzes. Wie viele mochten an ihr eigenes Heimatsdorf wohl denken?

Unsere Patrouillen durchzogen die Strassen und trommelten Maire und Pfarrer zusammen. Als wir einrückten, standen diese beiden Spitzen des Dorfes schon auf dem Platze vor der Kirche.

Nun ging es an die vorgeschriebenen Fragen: Ob der Feind den Ort verlassen;
Welche Truppen hier gewesen;
Nach welcher Richtung sie abmarschirt seien etc.
Dann die Gewissensfrage, ob der Ort Franctireurs gestellt, ob solche sich hier befänden und zuletzt die feierliche Verkündigung der To d e s- s t r a f e auf Verheimlichung dieses Falles.

Nachdem das erledigt war und die Vorposten über das Dorf hinausgestellt worden, ging es ans Quartiermachen für uns und für unsere todtmüden Soldaten. Zwei meiner Kameraden und ich wurden im Pfarrhof einlogirt.

Eine Stunde später sassen wir vier — der Herr Pfarrer hatte sich uns zugesellt — um einen Tisch vor Wein und Cigarren. Dem vorgesetzten Mahl hatten wir Ehre gemacht, die Schüsseln waren wieder abgetragen und jetzt rauchte und plauderte sich's ganz gemüthlich.

Unser alter Hausherr — er mochte schon über die Siebzig sein — unterhielt sich so freundlich und harmlos mit uns, als ob der Begriff Feind gar nicht existirte. Er hatte in seiner Jugend ein paar Jahre in Heidelberg zugebracht und erkundigte sich um das jetzige Aussehen dieser Stadt. Ich konnte ihm Auskunft geben, zufällig hatte ich auch vor einiger Zeit dort gelebt; wenn ich eine Strasse, eine berühmte Kneipe, einen Ausflugsort nannte, an die der alte Mann sich erinnerte, so leuchteten seine Augen auf. Blaue, klare, gute Augen! Dazu das silberweisse Haar und der herzliche Ton, in welchem er die Ansprache ‚monsieur' manchmal mit ‚mon enfant', ‚cher enfant' vertauschte: er hatte so etwas Naives an sich. Alles Grübeln und Grollen schien ihm fern zu liegen. Ein Leben lang hatte er still und treu seine priesterliche Berufspflicht gethan; in uns sah er ein paar tapfere Kriegsleute, die ihre Berufspflicht thun: das war ja ganz einfach. Er erzählte uns von seinen kleinen Leiden und Freuden, von seinen Liebhabereien, seinen Pflanzen- und Mineraliensammlungen, von den Schulkindern, die er wie seine Familie betrachtete, von seinen geliebten Büchern, in welchen er täglich sich Erbauung und Genuss zu holen pflegte: seine lateinischen und griechischen Classiker, seinen Corneille und Racine, seine Nachfolge Christi; ein frommes, genügsames, schönes Gemüth. Mir ward ordentlich warm ums Herz und ich gewann den alten Mann völlig lieb. Gerade der Umstand, dass er der feindlichen Nation angehörte, machte mir ihn um so lieber, denn es that so wohl, wieder einmal der Pflicht enthoben zu sein, einen Nebenmenschen hassen zu müssen, nur weil er einem anderen Volke angehört. Dieselbe Empfindung — man sah es ihm an, hatte der alte Mann. Durch freundliche Blicke, durch herzlichen Tonfall sagten wir uns gegenseitig, was wir unausgesprochen liessen: »Du bist, ob Franzmann oder nicht, ein würdiger Alter.« — »Ihr seid, ob Prussiens oder nicht, ein paar brave Jungen.« Wenn man lang gedurstet hat, mundet ein Trunk gar süss; nach langer Anstrengung schmeckt die Ruhe und so berührt auch nach diesem langen Dreinhauen und Wüthen die normale Höflichkeit und Freundlichkeit doppelt erquickend.

Trotz der überstandenen Strapazen blieben wir einige Stunden beisammen. Erst um 11 Uhr hiess es: »Bonsoir, mes enfants.« »Bonsoir, et merci, mon père.«

Der alte Herr hatte uns zu unserer Schlafstätte geleitet — sein eigenes Arbeitszimmer. Hier waren die Schränke mit der kleinen Bücherei, mit den kostbaren Sammlungen; ein Ledersopha — zum

Bett umgewandelt, ein paar Lehnstühle, ein grosser Schreibtisch, darüber das Porträt eines stattlichen Mannes und ein Crucifix — in der Fensternische ein grosser, zugedeckter Käfig.

»Das ist mein Vater« erklärte der Pfarrer, mit der Kerze das Bild beleuchtend. »Er hat auch in der Armee gedient — unter Napoleon ... damals waren die Rollen vertauscht: wir waren als Sieger im Feindesland — das wechselt so ab ... Wie Gott will!« fügte er hinzu. »Und das sind meine gelben ausgelassenen Kinder« — er wies lächelnd auf das Vogelbauer. »Ich habe meine grosse Freude daran ... Täglich kommen sie zu mir auf den Frühstückstisch und stehlen mir die Brodkrumen von den Lippen weg. Sie werden sehen morgen ... Aber jetzt, gute Nacht, Sie müssen müde sein, meine Herren — recht müde — Ihr armen Kinder!«

Er reichte uns die Hand, zuerst den Kameraden, dann mir und ich ... ich konnte nicht widerstehen ... es ist ja auch nichts Beschämendes daran: er ein siebzigjähriger Greis — ein Priester... ich ein blutjunger Mensch — kurz: ich beugte mich über diese Hand und wollte sie küssen. Er aber entwand sie und legte sie flüchtig auf meinen Scheitel, indem er nochmals wiederholte: »Bonsoir, mon enfant.«

Der Erzähler fuhr sich heftig mit der Hand über den Kopf:

— »Ach, dieser Segen ... er hat mir noch lang auf der Stirn gebrannt.«

Nach einer kleinen Pause fuhr er fort:

— »Wir legten uns schlafen. Premier T. auf das Sopha, ich auf einen Fauteuil, der mit Hilfe zweier darangeschobener Stühle ein Bett abgab. Unser dritter Genosse, Lieutenant v. R. hatte Dienst und zog sich — mit ein paar Liebeszigarren und einer Flasche Bordeaux versehen — in ein Zimmer des Hintertraktes zurück, von wo aus man einen Ausblick auf das Dorf und auf unsere Vorposten hatte. Diese musste er später visitiren.

Im Hausflur waren unsere Ordonnanzen und ein Wachtposten untergebracht.

Ich hatte ein paar Stunden geschlafen, als ein Schuss mich weckte. Zuerst dachte ich, ich hätte nur geträumt. In den letzten Tagen hatte ich so viel schiessen gehört, dass sich das Geräusch gar oft, als Gehörshalluzination, in meinem Innern wiederholte.

Doch gleich darauf fiel ein zweiter und ein dritter Schuss — mein Kamerad rief mich und wir warfen uns rasch in die zur Hälfte abgelegten Kleider. Unterdessen knatterte es weiter und durch die Fensterscheiben sah man — auch kein ungewohntes Schauspiel mehr — den Himmel geröthet von einem Brand.

In zehn Minuten — es war halb Zwei — waren wir Alle im Pfarrhof versammelt. Die Meldung traf ein, dass im Dorfe auf unsere Leute geschossen worden und dass zwei Häuser, wo dies geschehen, brennen.

Es fehlten uns fünf Mann und Lieutenant v. R. Den Letzteren vermutheten wir bei der Visitirung der Posten. Ich wollte in sein Zimmer gehen, um von dort nach dem Dorfe auszublicken.

Auf der Treppe stolperte ich über einen Körper. Lautes, jammervolles Stöhnen erhob sich. Ich streifte ein Zündhölzchen an und schaute hinab. Es war des Lieutenants Ordonnanz. Der Mann lag in seinem Blute — mit einem Stich in der Brust und einem Beilhieb am Kopf.

Im Zimmer selbst fanden wir den Lieutenant von R. — das eigene Taschentuch als Knebel im Munde, den Schädel von Axthieben fast zerschmettert — todt.

Von unseren Leuten waren vier Mann im Dorf ermordet worden.

Um fünf Uhr Früh war das Gericht gebildet. Der Pfarrer, der Maire und noch einige Leute standen als Vorgeladene da.

Die Sache stellte sich folgendermassen heraus.

Der Neffe des Pfarrers, ein Förster, war mit noch ein paar Einwohnern des Dorfes zu einer der herumziehenden Franctireurs-Banden gestossen. Am vorigen Abend waren sie zurückgekehrt und in der Nacht hatten sie unsere Leute überfallen.

Jetzt ereignete sich das Grässliche:

Ein Schäfer trat vor und berichtete, er habe gesehen, wie der geistliche Herr am Abend zuvor seinen Neffen zur Hofthür hereingelassen.

Ich erschrak, als wäre die Anklage gegen mich selber erhoben.

— »Ist es wahr, Herr Pfarrer, ist es wahr?« rief ich.

Er hob den Kopf und blickte mir mit seinen guten blauen Augen voll ins Gesicht.

— »Ja«, sagte er traurig. »Aber nur um den armen Teufel — meiner Schwester Sohn — im Ziegenstall zu verstecken. Von seinem Vorhaben ahnte ich nichts — glauben Sie mir — ich schwöre es.«

Ich glaubte ihm — aber was nützte das! Was bevorstand, ich sah es kommen. Der Commandant war von dem Vorfall pflichtmässig in Kenntniss gesetzt worden — um 9 Uhr traf das Urtheil ein.

»Der Ort ist — zur Strafe — niederzubrennen. Der Pfarrer — als Unterstandsgeber eines meuchelmörderischen Franctireur ist an dem Thore seines Hauses — aufzuhängen.«
Den Erzähler durchrieselte neuerdings ein Schauer beim Aussprechen dieses Wortes.
Ich sprach es nach, in tiefstem Entsetzen:
— »Aufhängen, Aufhängen! . . . . Den alten Priester! . . .
Und das ist geschehen?«
»Ich sprengte noch eilends einen Boten fort. Er sollte dem Commandanten einen Zettel abgeben, in welchem ich flehentlich um Milderung des Urtheils — um Gnade bat.
Die Antwort traf schnell ein: sie lautete: Kein Pardon.
Mir kam es zu, das Urtheil vollstrecken zu lassen und ich versichere Sie, meine Verzweiflung, mein Ekel an der Welt in diesem Augenblick war so gross, dass ich daran dachte, mich zu erschiessen. Die Erinnerung an die Meinen zu Hause hielt mich ab. Und jetzt — — — »ach, es müssen doch schöne Erinnerungen sein«, wie jener feuerige Jüngling vorhin ausrief — — was jetzt folgte . . . viele der Einzelheiten sind mir Gott sei Dank aus dem Gedächtniss geschwunden, zu

viele jedoch — leider! — wie scharfe Momentbilder eingeprägt geblieben. »C'est la guerre — die eiserne Pflicht . . . der höchste Zweck«: mit diesen Begriffen kommt man sich selbst und der Mitwelt gegenüber über die Greuel hinweg. Und von den Details spricht man nicht. Das gar zu Hässliche und Schaurige, man räumt es weg, man begräbt es. Ueber verwesende Körper schüttet man Erde und auf faule Geschehnisse schaufelt man Verschwiegenheit. Lassen Sie mich die Geschichte hier abbrechen.«

— »Nein, ich will das Ende hören. Wurde das Urtheil vollzogen?«

— »Natürlich. Es musste sein. Der Krieg kann nicht mit weicher Hand geführt werden. Ich selber ertheilte den Befehl. Zuerst verkündigte ich die über den alten Mann verhängte Todesstrafe, ohne die Todesart zu nennen.«

— »Das habe ich erwartet,« sprach er mit Sanftmuth und mit Ruhe. »Ich bin bereit.«

Als er aber das über den Ort gesprochene Vernichtungsurtheil vernahm, da schrie er laut auf. Niederbrennen — Niederbrennen — alles was er auf dieser Welt liebte! Seine ganze Gemeinde zu Grunde gerichtet — die Schule — das Armenhaus, in welchem ein paar hilflose Kranke lagen . . .

seine schöne Kirche, die armen Sammlungen — vielleicht dachte er auch an seine kleinen Lieblinge im Vogelbauer: ich weiss nicht, woran er dachte, aber der Schmerzensschrei war jammervoll gewesen.

Und jammer- — jammervoll, was nun folgte — von dem mir die gewissen Momentbilder jetzt wieder vorschweben: Ich sehe — nachdem das Wort »durch den Strang« verkündet worden — den alten Mann auf die Knie sinken — ich sehe ihn mit erhobenen Händen flehend, man möge ihn erschiessen — nur nicht aufhängen — nur nicht den Strick — um Gotteswillen, eine Kugel — eine Kugel! .. Aber diesen Ehrentod durfte er nicht sterben.

Das nächste Bild zeigt mir, wie sie ihm — auf mein Commando — die Schlinge um den Hals werfen, wie sie ihn zu seinem Hausthor schleppen, schleifen .. wie sie ... nein — da habe ich weggeschaut ... dann sehe ich ihn dort hängen — der schwarze Talar so geisterhaft schmal und lang, das weisse Haupt herabgesunken. Ich sehe, wie das ganze Dorf aufflammt — wie unter dem Wehgeheul der Bewohner, unter dem Angstgebrüll aus den brennenden Ställen unsere Soldaten alles niederschiessen, was löschen oder sich zur Wehre setzen will — ich sehe uns abreiten aus dem gestern noch so blühenden Ort — hinter uns ein Feuermeer — morgen ein Haufen Schutt und Asche. — Und zwischen alle dem immer wieder jene blauen, guten Augen des alten Mannes, dann sein angstverstörter, sein flehender Blick — — Ueberhaupt: Die Augen — die Augen . . . die vergisst man gar so schwer! Alle anderen Bilder kann man eher verscheuchen — aber der brechende Blick eines Menschen, den man selber erschlagen — — — «

Der Erzähler unterbrach sich und fasste uns an der Hand:

»Sehen Sie, meine Freunde, solche — »schöne« — Erinnerungen wenigstens unsern Kindern zu ersparen, daran arbeiten wir. . .«

Der gegenwärtige Stand der Friedensbewegung.

Von Alfred Fürst Wrede.

Indem ich mich anschicke, über Entstehung und Wirksamkeit der Friedensverbände, sowie über die Ziele unserer österreichischen Gesellschaft einen kurzen Ueberblick zu bieten, wende ich mich dabei weniger an die geschulten Anhänger unserer Sache, an die Begeisterten und »Andächtigen«, wie meine Vorrednerin sagte, als vielmehr an Diejenigen — und das ist wohl die Mehrheit — welche sich zwar im Principe unseren Zielen angeschlossen haben, dabei aber vielfach über den Stand der Sache im Unklaren sind und so manche Zweifel und Bedenken hegen.

Um vor Allem mit den Bedenken aufzuräumen, und mit dem öfters laut gewordenen Verdacht, dass wir uns unbefugt in innerpolitische Angelegenheiten mengen, oder irgend welchen umstürzlerischen Parteien dienen, dadurch bewusst oder unbewusst zur Auflehnung gegen patriotische Pflichterfüllung reizen, und was dergleichen Anschuldigungen mehr sind, verweise ich erstens auf § 1 unserer Satzungen und zweitens auf den in Ihren Händen befindlichen Aufruf, welcher unzweideutig unseren Standpunkt klarlegt. — Wir berufen uns darin auf ein erhabenes kaiserliches Wort und bekunden dadurch, dass wir nichts anderes thun wollen, als den Friedensabsichten unseres Landesvaters entgegenzukommen, indem wir den allgemeinen Friedenswunsch der Bevölkerung zu concentriren und zu stärken trachten, indem wir durch den Contact mit den auswärtigen Friedensgesellschaften auch dort nur jene Bewegung unterstützen, die dahin zielt, dass gleichzeitig in ganz Europa die Angriffsdrohungen aufhören und der allgemeinen Übereinkunft Platz machen mögen, den internationalen Rechtszustand einzusetzen.

Dies ist keine politische, keine nationale, keine diplomatische Frage — es ist eine Frage der Cultur.

Und darum sind in unseren Reihen — mit Ausnahme der chauvinistischen — alle Parteien vertreten und darum gehören wir keiner an. Wir empfinden es als ungerechtfertigte Beleidigung, wenn uns irgend welche politische Nebenzwecke oder parteigeistige Hintergedanken zugeschrieben werden.

Weil zufällig die Freimaurer den Frieden wollen, darum sind wir — obschon auch einige unter uns — noch lange keine Freimaurer; weil zufällig die Socialisten den Völkerfrieden auf ihr Programm geschrieben, darum sind wir — wenn auch solche unter uns sich befinden — noch lange keine Socialdemokraten. Jeder von uns mag individuell dort oder dahin gehören, als Mitglied unserer Gesellschaft bezeugt er sich weder als Anhänger noch als Gegner irgend einer Glaubens-, Wirtschafts- oder Regierungsform.

Geradeso wie ein Mitglied der »Freiwilligen Rettungsgesellschaft« als solches weder als Reactionär noch als Revolutionär sich documentirt, sondern einfach als ein Mensch, der seinem Mitmenschen im Falle der Noth beispringen will — so sind denn auch wir, indem wir eine die ganze Menschheit bedrohende Gefahr bekämpfen, eine »freiwillige Friedenswehr« — weiter nichts!

Es gibt jetzt in allen constitutionellen Staaten Friedensvereine und in rascher Aufeinanderfolge entstehen solche an allen Ecken und Enden. Die wichtigste Errungenschaft, der grösste und den die meiste Tragweite besitzenden Fortschritt der

Friedensidee besteht in der Bildung der parlamentarischen Comité's, welche seit drei Jahren in interparlamentarischen Conferenzen, gleichzeitig mit den Congressen der Privatgesellschaften, zu Berathungen zusammentreten. Dadurch ist die Bewegung in eine eminent praktische Bahn gelangt — und wenn einmal in allen Ländern Wählerschaft, Parlament und Regierung in dem übereinstimmenden Willen sich begegnen, den Rechtszustand einzusetzen und die schwere, blutigdrückende Rüstung abzulegen, dann ist — und das kann ja bald geschehen, es braucht nur ein Machthabender die Initiative zu ergreifen — dann ist das so fern scheinende und so beglückende Ziel erreicht.

Dass es dazu des einmüthigen Willens aus allen Classen der Bevölkerung bedarf, ist klar, und dass die öffentliche Meinung hiezu erzogen, gestärkt und zu ausgiebiger Kundgebung concentrirt werden soll, das ist der Zweck unserer Gesellschaften.

Ein Beispiel: Auf Anregung des amerikanischen Friedensvereines wurde in beiden Häusern des Congresses in Washington der Beschluss gefasst, dass die Regierung der Vereinigten Staaten mit jedem anderen Staate, der darauf eingehen will, permanente Schiedsgerichte abzuschliessen bereit sei. Im englischen Parlamente — wieder durch der Friedensliga angehörende Abgeordnete — wurde vor kurzem, am 30. April, der Antrag vorgebracht, I. M. Regierung möge jenen Vertrag mit der überseeischen Grossmacht eingehen.

Wie gross die Tragweite dieses Ereignisses gewesen wäre, wenn dieser Antrag angenommen worden wäre, wie mächtig die Wirkung des gegebenen Beispieles: unberechenbar. I. M. Regierung verhielt sich noch zögernd, ablehnend.

Allein der Antrag wird unermüdlich immer wieder vorgebracht werden, durch die Action der Friedensgesellschaften unterstützt, deren Petitionen eine steigende Zahl von Unterschriften aufweisen, so dass schliesslich eine solche Kundgebung von Millionen Stimmen getragen, ihre Wirkung nicht verfehlen kann.

Die amerikanischen Friedensfreunde haben es ferner erreicht, dass in beiden Congresshäusern der Beschluss durchgegangen ist, der Präsident der Vereinigten Staaten sei aufzufordern, anlässlich der Columbischen Weltausstellung an alle europäischen Regierungen die Einladung ergehen zu lassen, eine officielle Conferenz zu beschicken, in welcher die Grundlagen zu gegenseitigen Schiedsgerichtsverträgen vereinbart werden sollen. — Das sind doch Actionen, werden Sie mir zugeben, welche das Gebiet der blossen platonischen Schwärmereien verlassen haben.

Seit verhältnissmässig kurzer Zeit ist ein bedeutender Umschwung eingetreten. Wie lang ist es noch her, dass sich in dieser Frage die öffentliche Meinung noch ganz passiv verhielt, während man in berufenen Kreisen die Sache sogar für unausführbar, für eine Schwärmerei hielt, welcher ernsthafte Leute nicht einmal näher treten durften.

Das hat sich gründlich verändert; heute zählen wir in den Reihen unserer Anhänger sehr ernsthafte, in hohen politischen Stellungen befindliche Männer, die sich ohne Scheu für die Friedensbewegung erklären.

Auch in der Presse ist ein grosser Umschwung eingetreten; heute haben wir einen grossen Theil derselben als mächtigen, schwerwiegenden Bundesgenossen, und wenn sie der Thätigkeit der Friedensvereine ihre Aufmerksamkeit schenken, so geschieht es in einer Weise und in einem Ton, wie man eben von einer Sache spricht, die man als ausführbar und wünschenswerth anerkennt.

Neben den parlamentarischen Comités für Frieden- und Schiedsgerichte weisen die privaten

Friedensvereine heute die stattliche Ziffer von 118 auf, zu welcher Italien allein ein Contingent von 71 Gesellschaften stellt. Jenseits der Alpen hat eben die Idee rascher Wurzel gefasst — auch im Parlamente hat sich ihr über die Hälfte der Abgeordneten angeschlossen.

Von der Zeit des römischen Congresses datirt eigentlich die Thätigkeit unserer österreichischen Gesellschaft. Den von ihr entsendeten Delegirten ist die Genugthuung zu Theil geworden, unmittelbar auf den Plan zu treten und regen Antheil an den Verhandlungen zu nehmen. Wir wurden als willkommene Bundesgenossen mit offenen Armen empfangen und wir können ohne Überhebung es sagen, dass in wiederholten Fällen eine entscheidende Stimme uns eingeräumt wurde. In Folge dieser kameradschaftlichen Aufnahme stellte sich rasch ein, man könnte sagen freundschaftliches Verhältniss zu sämmtlichen fremdländischen Friedensgesellschaften ein und dieses Verhältniss festigte sich so sehr, dass wir jetzt in regster Verbindung mit unseren gleichstehenden Genossen stehen. Es wäre dieser ununterbrochene Contact mit einem elektrischen Strome zu vergleichen, der sämmtliche Stationen der verschiedenen Friedensvereinigungen durchzieht und diesen den Austausch ihrer Mittheilungen in kürzester Zeit ermöglicht. Müssten die Gesellschaften sich darauf beschränken, jede still für sich zu arbeiten, so wäre ihre eigene Thätigkeit dadurch lahm gelegt. So hingegen fliegen die Nachrichten, die Belehrungen und Anfeuerungen hin und her. Ohne diesen officiellen Austausch von Fachblättern, officiellen Sitzungsberichten u. s. w. wäre die Grundbedingung eines Erfolges der internationalen Einheitsidee nicht gegeben — nämlich die Gemeinsamkeit. In jedem Lande glaubte man sich berechtigt (wie dies häufig geschehen — und noch geschieht) zu sagen: »Ja, wir sind ganz für den Frieden aber die Andern wollen den Krieg.« — Jetzt eben erfahren wir sogleich, was bei den Grenznachbarn und was in den entferntesten Weltwinkeln in unserer Sache geschieht. So bringt uns z. B. die letzte Nummer des in Rom erscheinenden »Courrier diplomatique« (officielles Organ des interparlamentarischen Secretariats) die Urkunde zur Kenntniss, mittels welcher der Präsident der Republik Liberia — d. d. 30. April — in energischen Ausdrücken seinen Anschluss mittheilt und verkündet, dass die Regierung ihren Ministerresidenten in Brüssel, den Baron von Stein, beauftragt hat, die Republik von Liberia im Congresse von Bern officiell zu vertreten.

Als Centrale der Wirksamkeit unserer Vereinigungen dient das erst vor kurzem ins Leben getretene, aber schon sehr lebhaft functionirende Bureau von Bern. Es wurden von dort aus in den letzten Tagen folgende wichtige Documente ausgefertigt und an alle Friedensgesellschaften versendet:

Das übersichtliche Verzeichniss sämmtlicher von den drei letzten Congressen gefassten Beschlüsse;

Vier Aufrufe, welche in Gemässheit von solchen Resolutionen das Bureau zu redigiren und zu versenden beauftragt und zwar:

Aufruf an die Frauenvereine.

Hochverehrte Damen!

„Der wohlthätige Einfluss der Frau auf alle humanitären Bestrebungen, denen sie sich zuwendet, ist so allgemein bekannt, dass es keiner besonderen Rechtfertigung bedarf, wenn wir Sie im Namen des Weltfriedencongresses auffordern, Ihre Bemühungen mit denjenigen der Friedensgesellschaften zu vereinigen zum Zwecke eines gemeinsamen Vorgehens in unserer vielleicht für die Zukunft entscheidenden Zeit.

Der zweite Weltfriedencongress in London vom Jahre 1890 hat diesem Gedanken in folgender Form Ausdruck gegeben:

Der Congress, in richtiger Würdigung des bedeutenden moralischen und socialen Einflusses der Frauen, fordert jede Frau, sei es als Gattin, Mutter, Schwester oder Bürgerin, auf, alle Friedensbestrebungen zu unterstützen. Wenn sie es nicht thut, so hat sie die grosse Verantwortlichkeit für das Fortbestehen des Krieges und des Militarismus mitzuübernehmen, welches das Leben der Nationen vergiftet und zerstört. Um die Bestrebungen der Frauen im Sinne des Friedens zu centralisiren und praktisch wirksam zu machen, fordert der Congress dieselben auf, sich den internationalen Gesellschaften für Verbreitung des Friedens anzuschliessen.

Der gleiche Congress, welcher die Zeitungen, die in schwierigen Lagen die Sache des Friedens und der Gerechtigkeit vertheidigten, beglückwünschte, hat ganz besonders den amerikanischen Damen der »Woman's National Presse Association« seinen Dank ausgesprochen; und die Vertreterinnen anderer Frauenvereine sind auf dem dritten, in Rom 1891 abgehaltenen Congress mit lebhafter Freude begrüsst worden.

An Ihre Opferwilligkeit richten wir unsere Bitte und rufen Ihre Unterstützung an, um die neugestaltete Menschheitsfamilie von den Greueln des Krieges und vom Ruin zu befreien, welcher durch die furchtbaren Kriegsheere in sittlicher und ökonomischer Beziehung über die Völker hereinbricht.

Das internationale Friedensbureau in Bern (Schweiz) wird sich ein Vergnügen daraus machen, Ihnen jede gewünschte Auskunft über den Fortgang des Friedenswerkes zu ertheilen, und Sie werden auch uns lebhaft verpflichten, wenn Sie uns über die von Ihnen erzielten Fortschritte auf dem Laufenden erhalten wollen.

Genehmigen Sie, hochverehrte Damen, unsere herzlichsten Grüsse.

Die Commission des internationalen Friedensbureau.

Aufruf an Lehrer und Lehrerinnen.

Die Aufgabe, welche den Erziehern der Jugend zufällt, ist eine ebenso hohe und sittlich erhabene als ernste und verantwortungsvolle. An Ihnen ist es, die künftigen Generationen zu bilden, und an Sie wird dieselbe zurückdenken in guten und in bösen Tagen und entweder Ihr Andenken segnen oder Ihrem Einflusse ihr Unglück zuschreiben.

Die Eindrücke des Kindes sind tiefe und dauerhafte. Sie vermögen durch Ihren Unterricht, sowie durch die Gefühle, welche Sie in den jungen Herzen erwecken, Ihre Schüler empfänglich zu machen für die Liebe zu ihren Nächsten, für Gerechtigkeit und Menschlichkeit; Sie vermögen aber auch, dieselben auf den Abweg der Eigenliebe, der Herrschsucht und der schlimmen Neigungen zu führen.

Im Namen der Freunde des Friedens und der Schiedsgerichte treten wir an Sie heran und erlauben uns, Ihnen die Wünsche, welche die bisherigen Weltfriedenscongresse in Paris 1889, in London 1890 und in Rom im Jahre 1891 hinsichtlich des Elementar- und Sekundarunterrichts ausgesprochen haben, an's Herz zu legen.

Der Congress glaubt, dass der Krieg der Jugend häufig in falschem Lichte dargestellt wird. Er wünscht die Lehrer auf ihren Einfluss auf die Jugend und ihre daherige Verantwortlichkeit aufmerksam zu machen. Er fordert dieselben auf, ihre Schüler zu lehren, die Friedenswerke und Diejenigen, welche sie vollbringen, zu ehren und auf die betrübenden Verluste und das Elend hinzuweisen, welches durch die Kriege, seien sie glückliche oder unglückliche, herbeigeführt worden sind. Er fordert auch die Eltern auf, darauf Bedacht zu nehmen, welche die wahre Erziehung ist, die sie ihren Kindern in dieser Beziehung zu geben haben, und in der Ueberzeugung, dass Erzählungen und Spiele in den jüngsten Jahren einen tiefen Eindruck auf das Kindesgemüth machen, beschwört er die Eltern, nach dieser Richtung möglichst in obenerwähntem Sinne zu wirken.

Der Congress protestirt gegen militärische Uebungen, welche zur körperlichen Ausbildung in der Schule vorgenommen werden und befürwortet eher zu diesem Zwecke die Bildung von Rettungscompagnien, welche einen gewissermassen militärischen Charakter tragen. Und er betont ganz besonders, wie nothwendig es sei, die Prüfungscommissionen, welche die Examenfragen zu formuliren haben, darauf aufmerksam zu machen, den Geist der Kinder dem Friedensprincipe zuzuführen.

Der Congress der Abgesandten der Friedensgesellschaften, überzeugt, dass eines der wirksamsten Mittel, um die Idee der Menschenliebe, der Brüderlichkeit und des Friedens zu verbreiten, ist, diese Begriffe der künftigen Generation durch den Schulunterricht einzupflanzen, beschliesst:

An die Lehrer der Elementarschulen und an diejenigen der Sekundarschulen einen Aufruf zu erlassen und sie aufzufordern, ihren Schülern die Grundsätze der Menschenzusammengehörigkeit, der Schiedsgerichte und des Friedens zu lehren und sich dadurch als echte Vertreter der modernen Pädagogik zu zeigen;

Die Friedensgesellschaften aufzufordern, diese Grundsätze mit allen ihnen zu Gebote stehenden Mitteln unter Lehrern und Schülern zu verbreiten.

Sich mit dem Gesuch an die Unterrichtsminister zu wenden, in den Lehrplan der Schulen, sowie in das Befähigungszeugniss für Elementar-Unterricht nächst der Pflege der Vaterlandsliebe auch die Liebe zur ganzen Menschheit als Erziehungsprincip einzuführen und den Volksunterricht durch öffentliche Vorlesungen zur sittlichen Hebung des Einzelnen zu fördern;

Die Minister des öffentlichen Unterrichts zu bitten, den Lehrern besondere Anweisung zu geben, auf diesen pädagogischen Reformen zu bestehen und ihren Schülern die praktische Anwendung des Princips der Schiedsgerichte zu lehren;

Diesen Ministern anzurathen, in dem Programm des Unterrichts in der Moral für die Sekundarschulen die Pflichten gegen den Nächsten so viel als möglich zu entwickeln, sowie in dem Programm des Unterrichts der Geographie die Ethnologie zu pflegen und im Geschichtsunterricht die Begebenheiten, welche am meisten zum Fortschritt im bürgerlichen und politischen Leben beitrugen, hervorheben, sie zeitgemäss erklären zu lassen und zu sorgen, dass der Lehrer nicht zu sehr hervorhebe, was Hass zwischen den Völkern erzeugen und nähren könnte;

Dieselben Minister zu ersuchen, solche Bücher, welche diesen Reformen huldigen, im Unterricht zu gebrauchen und die Veröffentlichung solcher durch Preisausschreiben zu ermuthigen.

Dieses sind die Wünsche, welche wir Ihrer freundlichen Beurtheilung unterbreiten, und wir sind überzeugt, dass dieser Ruf bei Ihnen einen kräftigen Widerhall finden wird. Denn wir wissen, von welchem Wohlwollen und von welcher Liebe Sie für die Ihnen anvertraute Jugend beseelt sind, und wir wissen auch, dass es Ihr sehnlichster Wunsch ist, diese Jugend einer zukünftigen Zeit der Eintracht und des Friedens entgegenwandeln zu sehen, deren Morgenröthe bereits dämmert.

Die Commission des internationalen Friedensbureau.

Aufruf an die Arbeiter-Vereine.

In Ausführung eines Beschlusses des dritten Weltfriedenscongresses, welcher im November 1891 in Rom zusammentrat, machen wir die Arbeiter-Vereine auf das gemeinsame Interesse aufmerksam, welches die Anhänger der Socialreform und die Friedensfreunde in gleicher Weise zu Gunsten internationaler Schiedsgerichte stimmen muss.

Einestheils bildet das System der stehenden Heere und das beständig drohende Kriegsgespenst, welches die materiellen Hilfsquellen der Völker aufsaugt und Handel und Gewerbe untergräbt, das hauptsächlichste Hinderniss, die gewünschten Verbesserungen des Gesellschaftszustandes zu Gunsten der Arbeitergruppen durchzuführen; andererseits ist zur Verwirklichung der Bemühungen, welche schon seit lange von Gesellschafteu und Privaten gemacht werden, die von der Möglichkeit überzeugt sind, einen Rechtszustand der Nationen herzustellen, in dem jeder Krieg durch den Druck der öffentlichen Meinung verhindert würde, die Unterstützung der Massen, die bisher vom Kriege nur Greuel und Vernichtung gekannt haben, unbedingt nothwendig.

Von dieser Ueberzeugung durchdrungen, haben die drei ersten Weltfriedenscongresse, in Paris 1889 in London 1890 und in Rom 1891, ohne Hintergedanken und unverweilt in ihren principiellen Erklärungen verschiedene Beschlüsse gefasst, welche die wirthschaftlichen und gesellschaftlichen Interessen des Volkes im Auge haben, die wir hier im Auszuge folgen lassen.

Der Congress spricht den Wunsch aus, dass die Parlamente und Regierungen, soweit es in ihren Kräften steht, darauf hinarbeiten, dass

1. Eine gerechtere Vertheilung der Arbeitserzeugnisse herbeigeführt werde;

2. Die Zollgrenzen zwischen den verschiedenen Nationen fallen;

3. Auf dem Wege des Schiedsgerichts alle socialen Conflicte zwischen Arbeitern verschiedener oder gleicher Nationalität, sowie zwischen Arbeitern und Arbeitgebern geschlichtet werden;

4. Die Gründung gemeinschaftlich wirkender Gesellschaften ist als eines der besten Mittel, um zum allgemeinen Frieden zu gelangen, zu begrüssen und zu unterstützen.

Wenn die Richtung der Friedensgesellschaften Ihnen der Unterstützung seitens der Arbeiter-Vereine werth zu sein scheint, werden Sie, hoffen wir, die Freundeshand nicht zurückweisen, welche wir Ihnen auf dem Gebiete der Gerechtigkeit und der Humanität darbieten.

Das internationale Friedensbureau wird es sich stets zur angenehmen Pflicht machen, den Arbeiter-Vereinen jede gewünschte Auskunft zu ertheilen, über den Fortgang des Schiedsgerichtswerkes und der Abrüstung und wird mit Vergnügen Mittheilungen entgegennehmen, welche zu Gunsten der Durchführung dieses Werkes ihr zukommen werden.

Die Commission des internationalen Friedensbureau.

Aufruf an die studirende Jugend.

Auf Euch, Vertreter der akademischen Jugend, die Ihr dazu berufen seid, später die Grundsätze der Wissenschaft im öffentlichen und im Privatleben zu verwerthen, rechnen die Freunde des Friedens und der Gerechtigkeit. An Euch ist es, in künftigen Generationen das Werk zu verwirklichen, an dem wir arbeiten und bei welchem wir die ganze Kraft, die uns unser Alter gelassen hat, einsetzen.

Drei Weltfriedenscongresse, in Paris im Jahre 1889, in London 1890 und in Rom 1891, haben sich mit der Frage beschäftigt, welche Aufgaben der akademischen Jugend in unserer Zeit, die für die Zukunft der gesammten Menschheit entscheidend werden kann, zufällt.

Sie haben in dieser Beziehung Beschlüsse gefasst, welche wir Ihnen im Auszuge mitteilen:

Der Congress spricht den Wunsch aus, es mögen Massregeln getroffen werden:

1. Dass in den Universitäten Europas und Amerikas zwischen den Studirenden ein Geist der Achtung und Freundschaft für die fremden Nationen unterhalten werden möge;

2. Dass, um diesen Zweck zu erreichen, die Professoren der Geschichte den Fortschritt der Civilisation und der politischen, socialen und religiösen Einrichtungen aller Nationen zum umfassenden Studium machen möchten und besonders den fördernden Einfluss hervorheben, welchen jedes Volk auf den Fortschritt der Menscheit ausgeübt hat;

3. Dass die nöthigen Aenderungen in den Statuten jeder Universität gemacht werden möchten, welche den Studenten ermöglichen, ohne Nachtheil für ihre Studienzeit und ihre Prüfungen von einer Universität zur anderen überzugehen, damit sich die Studirenden verschiedener Nationalitäten

begegnen können, um sich so vom gegenseitigen Misstrauen und internationalen Vorurtheil zu befreien;

4. Dass ein Aufruf an die Studenten der Universitäten erlassen werde, in welchem es ihnen an's Herz gelegt wird, für den Sieg des Friedensprincipes mitzuarbeiten;

Dass eine Versammlung und ein jährliches Fest der Verbrüderung abwechselnd an den verschiedenen grossen Universitäten abgehalten werden möchte, deren Aufgabe sei, die Mittel auszufinden, um diesen Zweck zu erreichen.

Die Feste sollen in körperlichen Uebungen und Preisarbeiten in Prosa und Poesie über das Thema der Einigkeit und des internationalen Zusammenwirkens bestehen.

Im Uebrigen wendet sich der Congress unmittelbar an die kräftige und intelligente Hochschuljugend mit der Bitte, sie möge auch in ihrem Schooss neue Friedensgesellschaften gründen und vermehren helfen.

Dieses sind die Wünsche, welche die Friedensfreunde ausgesprochen haben. Wir bitten Sie, dieselben ohne Voreingenommenheit und vorurtheilsfrei zu prüfen und an der Verwirklichung derjenigen der von uns mitgetheilten Ideen, welche Ihren

Beifall finden, mit voller Zuversicht und ganzem Feuer der Jugend zu arbeiten.

Alsdann werden Sie die Grundlagen einer schöneren Zukunft gesichert haben und Ihre Thätigkeit wird nicht nur eine nützliche, sondern auch eine gute gewesen sein.

Die Commission des internationalen Friedensbureau:

Fredrik Bajer
in Copenhagen.

Hodgson Pratt
in London.

Angelo Mazzoleni
in Mailand.

Alfred H. Love
in Philadelphia.

Elie Ducommun
in Bern.

Ad vocem »academische Jugend« möchte ich hier die erfreuliche Mittheilung machen, dass durch unsere Gesellschaft angeregt, an der Wiener Universität eine akademische Friedensvereinigung sich gebildet hat, deren Statuten von der k. k. Statthalterei bereits bewilligt sind. Es gibt uns dies die hoffnungsvolle Bürgschaft, dass ein Theil unserer studirenden Jugend — den engnationalen Vorurtheilen und Dünkel entwachsen, der verhetzenden Gehässigkeit abhold — die erhabenen Ideale der Humanität auf ihre Fahne geschrieben hat. Zahlreiche Vertreter dieser akademischen Vereinigung sind hier im Saale anwesend. Wir entbieten ihnen unsern Dank.

Dass der Bestand unserer Gesellschaft sehr fördernd auf die ausländischen Vereine gewirkt hat, davon haben wir zahlreiche Beweise. Es liegen uns z. B. Berichte der französischen Tagesblätter über die Versammlungen der Pariser Association vor, in welchen auf unsere Existenz und unsere Wirksamkeit vielfach Bezug genommen wird.

Was diese Wirksamkeit betrifft, so bleibt der officielle Bericht über Ausdehnung, Einnahmen etc. der Jahresversammlung vorbehalten. Heute sei nur im gedrängten Überblick erwähnt:

Dass wir im steten Wachsen begriffen sind, und dass wir in der Lage waren, aus unserer Vereinskassa einen Beitrag von 500 Francs dem Berner Bureau zu widmen;

Dass die Lehrerschaft sich uns vielfach angeschlossen hat;

Dass auch von Seite der Geistlichkeit ein anfänglich gegen uns gehegtes Misstrauen zu schwinden beginnt und kürzlich unserem Vorstande ein Pfarrer beigetreten ist. Um zu kennzeichnen, wie sehr das christliche Ideal auf unserem eigensten Gebiete mit uns zusammentrifft, sei darauf hingewiesen, dass die am 30. Mai dieses Jahres stattfindende Hauptversammlung der Londoner Schwestergesellschaft unter dem Vorsitze des Bischofs von Durham abgehalten wird.

Zum Schlusse noch die Mittheilung: Dass der nächste Congress der Friedensgesellschaften am 22. August d. J. eröffnet wird. Unsere Gesellschaft wird dort officiell durch die aus der Mitte ihres Vorstandes entsandte Delegation vertreten sein. Ausserdem ergeht die Einladung an alle Mitglieder, sich so zahlreich als möglich anzuschliessen. Die näheren Details ersehen Sie aus dem heute zur Vertheilung gelangten Programm des Berner Congresses.

Voraussichtlich werden es schöne und bedeutungsvolle Tage sein, welche dort die Friedensfreunde aller Nationen zusammenführen, Tage, in welchen wir unseren gemeinsamen Zielen wieder um einen gewaltigen Schritt näher gebracht werden sollen.

Meine Meinung über die Berechtigung der Friedensfreunde.

Eine Plauderei, gehalten in der Versammlung der »Friedensfreunde« zu Wien, am 26. Mai 1892 von P. K. Rosegger.

Hochverehrte Versammlung!

Der Himmel muss eine Freude haben, wenn er heute niederschaut auf dieses Haus — auf eine Gemeinde von praktischen Idealisten. — Als solcher bin auch ich — obzwar leidend — aus Steiermark dahergekommen, um Euch allen zu sagen und zu wiederholen, dass ich Euer Kamerad bin.

Seid ich denken kann, habe ich immer gedacht: Die Kriege werden einmal abkommen, und diese meine Meinung ist die Meinung vieler und darum kann ich nur Oftgesagtes wiederholen. Erkenntniss fordert Bekenntniss, und je grösser die Wahrheit ist, desto weniger braucht sie einen Schmuck.

Wenn dem Verein »Die Friedensfreunde« alle Freunde des Friedens beitreten, so sind wir der grösste Verein auf der Welt. Der Mensch — ob cultivirt oder roh — will vor allem leben, naturgemäss leben, und zur naturgemässen Lebensweise gehört das Hin- und Herschiessen mit Entlichergewehren und Kanonen nicht. Der Krieg mag einmal zeitgemäss und naturnothwendig gewesen sein; aber muss er es auch bleiben? Die Sclaverei, die Völkerwanderung, die Inquisition und viele andere schlimme Zustände, naturnothwendig waren sie zu ihrer Zeit, und doch haben sie aufgehört. Der Mensch e n t w i c k e l t sich — aber nicht durch den Krieg. Ginge die Entwickelung durch Kriege vor sich, so müssten Thiergeschlechter, die auf Kriegsfuss leben, es auch schon zu etwas gebracht haben. Aber der Haifisch im Meere und der Geier in den Lüften lebt heute genau wie vor sechstausend Jahren, und der Fuchs und der Tiger und das Krokodil haben seit dieser Zeit nichts gelernt und nichts vergessen. Wenn der Krieg, wie sie gern sagen, der Vater grosser Tugenden wäre, so müssten die Menschen vor lauter Morden und Brennen seit Jahrtausenden schon bald Heilige oder Götter sein. Sie sind es einigermassen noch nicht. Also einmal ein neuer

Curs — vielleicht geht es besser. Nein, nicht die rohe Gewalt fördert die Entwickelung, sondern der Idealismus. »Was Grosses auf Erden geschehen, vollbrachten die Schwärmer«, sagt Hamerling, der auch bewiesen hat, wie man ein treuer Sohn seines Volkes und ein weltumfassender Menschenfreund sein kann. Auch uns heissen sie Schwärmer, und mit Recht, wir schwärmen für den Frieden.

Gegner pflegen uns den Rath zu geben, doch auch den Russen und den Franzosen Friedensliebe zu predigen. Wir danken schön für dieses Glaubenmachenwollen, als möchten wir nur unser Vaterland allein bewegen, abzurüsten. Da wären wir ja Hochverräther vom Hut bis zum Stiefel.

Keiner ist unter uns, kein einziger, der zur Zeit der Noth sein Vaterland, sein Volk wehrlos lassen möchte. Fürs Vaterland Alles, wenn es sein muss, auch den Krieg, auch den Tod!

Wir Friedensfreunde sagen heute also nicht: Legt die Waffen nieder! Aber dahin bringen wollen wir es dies- und jenseits der Grenzen, dass die Waffen je einmal niedergelegt werden dürfen. In diesen Tagen des Nationalitätengeistes haben wir freilich einen schweren Stand, wir glauben aber unserer Nation am meisten zu nützen, wenn wir ihr den Frieden zu erhalten suchen.

Dass der Angegriffene sich wehrt, — das muss er; Schmach ihm, wenn er's nicht thäte. Dreimal Schmach und Schande aber dem Angreifer! Kein Volk soll mit dem Friedensbrecher in Ehr und Wehr Gemeinschaft halten, er soll in Acht und Bann gethan sein von den übrigen Völkern, dann wollen wir sehen, ob er mit seiner physischen Übermacht allein auskommt. — Für politische Streitigkeiten ein internationales Schiedsgericht! das fordern wir. Richten kommt nicht von: rächen, sondern von: richtigstellen. Und in diesem Sinne: Eine Weltgeschichte, ein Weltgericht!

Unsere Sache ist nicht von gestern auf heute und nicht von heute auf morgen. Ohne gerade Optimist zu sein, darf man behaupten: Unser Erfolg ist sicher. Doch wir, die wir heute hier versammelt sind, im Herzen Gerechtigkeit und Menschlichkeit, wir erleben ihn in seiner Ganzheit nicht. Andere werden unser Werk fortsetzen und wenn im nächsten Jahrhundert die Kriege sich nur um ein Drittheil verringern, so wird das ein grosser Erfolg sein. Und können die Friedensfreunde im Laufe des Jahrhunderts auch nur einen einzigen Feldzug verhindern, so gebührt ihnen ein grösseres Denkmal, als Napoleon dem Welteroberer. Sie brauchen aber keins.

Heute ist unsere Aufgabe eine pädagogische. Wir müssen in den zehn Geboten die Einzahl »Du sollst nicht« in die Mehrzahl übersetzen: »Ihr sollt nicht stehlen! Ihr sollt nicht rauben! Ihr sollt nicht morden!«

Unsere grössten Feinde sind die Gleichgiltigkeit der heutigen Welt für grosse ethische Angelegenheiten, die Gleichgiltigkeit für die Zukunft des Menschengeschlechtes — und die Verzweifelung an dem Menschen überhaupt. Den Idealismus, die Hoffnungsfreudigkeit wieder aufrichten zu helfen, dazu laden wir ein: den Lehrstuhl, die Kanzel, die Schrift, die Kunst.

Nach meiner Meinung das allerwichtigste für uns ist, dass wir unter den Culturvölkern den Zweifel, die Muthlosigkeit an unserer Sache widerlegen, den Glauben an sie erwecken. Das, was man überall und überall aus ganzem Herzen wünscht, müssen wir anfangen zu glauben, dass es geschehen kann, dann muss es geschehen. Ihr geliebten Menschen, der Glaube thut Alles. Er macht die Glücklosen selig, die Kranken gesund, die Schwachen stark, die Wilden zahm. Wer wird stärker sein als der Krieg? Der Glaube an

den Frieden. Diesen Glauben an die **Möglichkeit**
des beständigen Weltfriedens müssen wir haben
und verbreiten in der Welt — damit ist vieles
gethan.

Ich bin felsenfest davon überzeugt, dass die
Menschen den Frieden finden, wenn sie ihn nur
suchen.

Wir haben für unsere Bestrebungen mächtige
Bundesgenossen. Wir haben an unserer Seite das
Christenthum, auf dem ja angeblich unsere Civilisation ruht. Wie hat das Christenthum seine
Weltherrschaft erlangt? Durch das Schwert?
Nein, durch die Palme. Und jene Kriege, die unbegreiflicherweise im Namen des Christenthums
geführt worden sind, haben es nur geschwächt
und entwürdigt. Der Glaube an seine Sendung
hat das Christenthum gross gemacht — das können
wir uns merken.

Ich kenne, nebenbei gesagt, einen Poeten, dessen
Lebensanschauung die christliche ist. Z. B. ist er
ein Feind altheidnischer Brutalität und moderner
Prunksucht: er verurtheilt die auf Kosten der
Armuth angesammelten Reichthümer und geht mit
den Unterdrückten. Er verwirft den Racen- und
den Völkerhass, hat Mitleid mit aller Creatur und
ist Mitglied der Friedensfreunde. — Viele können

diese haarsträubenden Verirrungen nicht begreifen und fragen den Poeten: warum? — Ja, weil er er Christ ist, oder strebt, es zu sein. — Es gibt in unserer aufgeklärten Zeit nämlich immer noch Leute, welche das, was sie scheinen, auch sein wollen.

Einen anderen mächtigen Bundesgenossen haben wir an dem Menschenherzen überhaupt. Hass- und Rachegefühl in ihm sind vorübergehend, seine natürlichen Regungen sind Wohlwollen, Liebe, Mitleid.

Wir Modernen sind geboren zur friedlichen Arbeit, wir können unsere Tapferkeit bethätigen im Kampfe mit der äusseren und inneren Natur, in der Erfüllung nützlicher Berufspflichten, in der Liebe zum Nächsten. Solche Kämpfe sind mindestens so schwer, als das mechanische Hinschiessen auf einen Feind, dessen Person uns gleichgiltig ist. Wir sind keine Helden, wie die Alten waren. Die Alten — Körperkraft! Todesverachtung! — Kämpfen und Bluten an und für sich haben sie für Tugenden gehalten! In wilder Leidenschaft haben sie gerungen Mann gegen Mann, Zahn um Zahn. Bei uns muss zu Kriegszeiten das persönliche Hassgefühl erst künstlich erzeugt werden; für uns kämpfen in die Ferne hin die

Waffen fast allein. Die alten Helden würden darob die Nase rümpfen. — Wir kämpfen nicht mehr aus Kampf- und Mordlust, sondern zumeist nur sehr nothgedrungen; daraus ersieht man, wie sehr die Natur durch die Civilisation sich geändert hat. Wir suchen unsere Tugenden anderswo, und wenn wir Krieg führen, so geschieht es stets für einen Vortheil, zumeist praktischer Natur.

Und der praktische Vortheil, das ist der dritte Bundesgenosse für unsere Friedensbestrebungen, und vielleicht gerade der beste Kamerad.

Wir verabscheuen den Krieg, weil er unmenschlich ist. Aber der moderne Mensch, der aufs Praktische und aufs Nützliche geht, mag den Krieg auch darum nicht, weil er zu viel kostet und zu wenig werth ist. — Gefällt ihm das, wenn die Friedenszeit nur eine Ruhepause sein soll? Die sogenannten Friedensjahre sind gerade gut genug, um sich von dem stattgefundenen Kriege zu erholen, oder sich auf den künftigen vorzubereiten. Und dafür unsere hohe Cultur, unser Wissen und Können, unser Menschenstolz?

Der allermächtigste Bundesgenosse der Friedensfreunde aber — ist der Krieg selbst. Der nächste Krieg, von dem sie ja sagen, dass er unausbleiblich ist, wird uns mehr Leute zuführen, als es die grösste Propaganda vermöchte.

Und wenn sich denn alles Massgebende für den Frieden ausspricht: die Natur, die Gesittung, die Religion, die Philosophie, der Vortheil — warum sollte er nicht möglich sein? — Wenn aber der Krieg, wie sie sagen, unausrottbar ist, dann ist dieses Leben nicht werth, dass man ihn führt.

Nein, wir glauben an die Menschheit und bleiben ihr treu. Ohne Unterlass und in Demuth wollen wir — jeder in seinem Kreise und nach seiner Weise — arbeiten für unser heiliges Ziel. Die Wucht der Vorurtheile macht uns nicht muthlos. Oder soll die Gegenwart eine Sclavin der Vergangenheit bleiben? Nein, die Gegenwart sei die Mutter der Zukunft. Die gütige Mutter eines glücklicheren Geschlechtes.

Das ist meine Überzeugung, vielleicht auch die Euere. Sie weiter und weiter zu verpflanzen, das ist unsere Aufgabe.

Indem ich nun, hochverehrte Anwesende, für Euere Nachsicht und Geduld Dank sage, sei meine Betrachtung beschlossen mit einem Gedichtlein von Karl Stieler:

A Bauer hat drei Buabn im Feld,
Dö lossn gor nix hörn;
Dös falltn auf, er geht in d' Stodt,
Und frogg in da Kasern:

»Wia geht's mein Toni?« hot er gfrogg,
Den hot er gern vor olln;
Do schauns 'n on und sogn schön stad:
»Der is bei Wörth drein g'folln.«

»Oh mein Gott, na! — Und unser Hons?«
»Der is mit siebzig Mann
Bei Sedan g'folln.« — — »Und — da Sepp?«
»Der liegt bei Orleans.«

Der Olt: sogg ka Wort und geht,
Er holt't sich on ban Kostn,
Ban Stuhl, ban Thürg'schloss, ba der Stiogn —
Er muass a wenkerl rostn.

Selm afn Staffel, grod vorn Haus,
Selm is er niederg'sessn.
Er holt't sein Huat noh in da Hond,
Hot schier af olls vagessn.

Es gehn und fohrn viel tausend Leut,
Viel hundert Wagn vabei,
Da Voda sitzt no allaweil durt:
»— Drei Buabn — und olli drei!«

Jules Simon an die „Oesterreichische Gesellschaft der Friedensfreunde".

Paris, le 24. mai 1892.

Madame,

Vous voulez bien me demander si je me rendrai à l'assemblée de la societé de la paix qui se tient en ce moment à Vienne. Hélas, non, et j'en suis bien désolé. J'ai accepté toutes sortes de besognes qui mangent ma vie sans trop de profit pour les causes que je sers. On s'engage étourdiment, et l'on découvre le lendemain que si l'on n'avait pas aliéné sa liberté, on pourrait faire un meilleur usage de son activité.

Je ne pourrais rien faire qui fût plus conforme à mes idées et à mes goûts, s'il est permis de parler de ses inclinations quand c'est d'un devoir qu'il s'agit; non, je ne pourrais rien faire qui me satisfît davantage que d'aller à Vienne combattre derrière vous, madame, et derrière vos amis, cette éternelle guerre dont nous souffrons en pleine paix, et qui devient pour le genre humain une maladie endémique. Je sais très bien que je ne dirais rien qui n'ait été dit, et qui ne doive être répété encore cette fois. Je ne rougis pas pour notre cause de son ancienneté, ni de l'obligation où se trouvent ses défenseurs de répéter sans cesse les mêmes arguments et les mêmes doléances. C'est comme une litanie catholique, qui répète sans cesse les mêmes mots sur la même musique et qui, dans sa monotonie n'en est pas moins une prière énergique et passionnée.

J'aurais voulu mêler ma voix dans ce chœur aux milliers de voix qui s'élèvent pour réclamer contre les assassinats collectifs, contre les tueries officielles, contre l'engloutissement des vies humaines et de l'argent dans ce gouffre horrible. Ne pouvant aller crier là bas, je me soulage un peu, madame, en vous envoyant ma plainte; et permettez moi d'y joindre toute mon admiration pour ce que vous faites, et l'hommage de mon respect

Jules Simon.

Deutsche Uebersetzung.

Paris, den 24. Mai 1892.

Gnädige Frau!

Sie haben die Güte, mich zu fragen, ob ich der Versammlung der Wiener Friedensgesellschaft beiwohnen werde. Leider nein! Und ich bedaure es heftig. Ich habe allerlei Arbeiten übernommen, welche meine Zeit aufzehren, ohne viel Gewinn für die Sachen, denen ich diene. Man lässt sich leichthin in Verpflichtungen ein, und tags darauf erkennt man, dass man seine Thätigkeit viel besser hätte verwenden können.

Ich könnte nichts thun, was meinen Ideen und Meinungen angemessener wäre — wenn es überhaupt gestattet ist, von seinen Neigungen zu reden, da wo es sich um Pflichten handelt — nichts könnte ich thun, das mir mehr Befriedigung gewährte, als nach Wien zu kommen und dort mit Ihnen und Ihren Genossen jenen ewigen Krieg zu bekämpfen, an welchem wir in vollem Frieden leiden und welcher für das menschliche Geschlecht zur endemischen Krankheit wird.

Ich weiss gar wohl, dass ich nichts gesagt hätte, was nicht schon gesagt worden ist und auch diesmal wiederholt werden wird. — Ich erröthe nicht für unsere Sache, dass sie so alt ist, und auch darüber nicht, dass ihre Vertheidiger immer dieselben Argumente und immer dieselben Klagelieder vorbringen müssen. Es ist wie eine katholische Litanei, die da immer die gleichen Worte nach derselben Melodie wiederholt und dabei doch in ihrer Monotonie ein energisches und leidenschaftliches Gebet abgibt.

Ich hätte meine Stimme in den Chorus der tausend Stimmen mengen wollen, die sich erheben, um gegen die Collectivmorde und officiellen Schlächtereien zu protestiren, gegen jenen schauervollen Abgrund, welcher das Geld und das Leben der Menschen verschlingt.

Da es mir nicht möglich ist, selber dort meinen Ruf erschallen zu lassen, so erleichtere ich mich, indem ich Ihnen meine Klage zuschicke und gestatten Sie, dass ich den Ausdruck der Bewunderung hinzufüge für das, was Sie thun, nebst der Versicherung u. s. w., u. s. w.

Jules Simon.

Der Stern des Ares.*)
Von Robert Hamerling.

Nacht ward's — der schöne Stern der Liebe sank
Im Westen sacht hinab. Ihm gegenüber
Hob über'n Waldrand schreckbar sich ein fremdes,
Rothleuchtendes Gestirn. Es war der Stern
Des Ares, der, entfacht zu wilder Gluth,
Wie kaum ihn sah dies lebende Geschlecht,
Des Himmels Leuchten all nun überstrahlte.
Hinabschwand tiefer stets der Liebe Stern,
Und greller, immer greller funkelte
Des Kriegesgotts Gestirn, der Stern der Zwietracht,
Des Hasses, roth wie Blut, gemischt mit Flammen.
Und während ich den Blick in seine Bahn
Versenkte, schwoll er mir zum Feuerbrand,
Zur düstern Fackel, deren Glut die Welt
In Brand zu stecken drohte.
                      Neben ihm
Aufragen sah ich in den nächt'gen Himmel
Ein Kreuz — das Kreuz des Thurms der nahen Kirche.
Hell hob sich's ab vom Grund des Firmaments.
Dem Kreuze gegenüber schwebte silbern
Der halbe Mond am Himmel.

---

*) Vorgetragen von der Hofburg-Schauspielerin Frau Lewinsky-Precheisen.

          Plötzlich stand
Vor dem erregten Sinn mir ein Gesicht,
Des Schreckens voll. Das Kreuz, das ragende,
Es ward vor meinen Augen zur Standarte,
Zum fliegenden Banner ward der Halbmond auch;
Und hinter diesem, hinter jenem wälzte
Herauf, heran sich langsam dicht' Gewölk
Wie kampfbereite Geisterlegionen.
Traun! Nicht umsonst hell zwischen beiden flammte
Der Stern des Ares! vor mir lebend rollte
Ein grausenhaftes Bild sich auf — der Krieg!
Ich sah die Stute des Kosaken treiben
Im Ister und im Euphrat, sah den Säbel
Des Moslem blitzen, dräuend, neu geschärft!
Zertretne Saaten sah ich, Völkerstämme
Mit Weibern, Kindern, Greisen rathlos flüchtend.
Vom Huf zerstampfte Reih'n; hier rauchend Blut,
Dort Rauch von Bränden!
              Schaar um Schaar entsendet
Zum Schanzensturm der Feldherr. Sie gehorchen.
Sie zieh'n stumm dahin, gleichgiltig fast,
Wie Schlächter, Henker gehn an's Tagewerk.
Hinziehn sie stürmend, eine nach der anderen,
Und jede kehrt nur halb zurück. Am Abend
Ertönt's: »Hurrah! die Schanze, sie ist unser!«
Jedoch der Streiter Mehrzahl deckt das Feld
Todt, oder ächzend mit zerstückten Gliedern.
Im nächsten Morgengrauen schreckt die Bombe
Des Feinds die müden Sieger drohend auf.
Die heiss ersiegte Schanze stürmt der Feind,
Und dreimal stürmt er sie, und dreimal muss
Sie nun gewonnen werden, — dreimal sinkt
Der Streiter Drittheil röchelnd in den Staub.
Am Abend ist verloren mit dem Blut
Von Tausenden, was mit dem Blut von Tausenden
Erstritt das heisse Gattern. Nun beginnt

Der neue Tag, das Ringen. Fort so währt
Es ungezählte Tage, Wochen, Monde,
Den Ort nur wechselnd: und das Leben füllt
Mit letzter Kraft nur aus des Todes Lücken
All' dies — wofür? Damit Gerechtigkeit
Geschehe? Wie? Gerechtigkeit? ersiegt
Durch einen Kampf, in dem ein einzig Recht
Gegolten hat von je: das Recht des Starken?
Steht auch das Recht, so wie der liebe Gott
Auf Seite stets der »stärksten Bataillone?«
Mäht nicht der Zweikampf oft den bessern Theil,
Der schuldlos und gezwungen mit dem frechen
Angreifer sein jungfräulich Schwert gekreuzt?
Seh ich das Blut, das so vergossen wird,
Vereint als Höllenstrom die Wogen wälzen,
Seh ich die Thränen, die der Krieg erpresst,
Gestaut als todtes Meer, seh' ich die Flammen
Die Kriegsfackeln all zum Himmel schlagen,
Hör ich das Aechzen all' der Tausende, —
Ein Grausen fasst mich da vor dir, o Mensch,
Der achselzuckend sagt: »Das ist der Krieg!«
Der Kunst des Tödtens allergrösster, traun,
Erfindungsreichster Meister ist der Mensch!
Und labt der Tiger sich an Einzelmord —
Wer ist's, der gern in Massen würgt?
        Der Mensch!
Und seines Gleichen würgt er!
          Doch — ist's nicht
Derselbe Mensch, der Liebe, Liebe predigt,
Und der mit edelm Stolze Tempel thürmt
Der Bildung und Gesittung und Altäre
Dem Fortschritt reiht und edler Menschlichkeit!
Der mildgesinnt die Galgen niederreisst —
Und der — weil er kein Blut kann seh'n — das Schwert
Der Themis in die Rumpelkammer wirft —
Und der Spitäler baut für kranke Hunde

Und für die Spätzlein sorglich Futter streut
In rauher Winterszeit? — —
                    Ach ja, derselbe! —
Vergib mir, edler Massenmörder Mensch!
Schon bin ich umgestimmt, bewund're dich!
Und künftig, statt ein Unthier dich zu schelten,
Einstimm' ich achselzuckend: C'est la guerre . . .
                    (Blätter im Winde.)

Inhalt.

Vorwort

Es müssen doch schöne Erinnerungen sein! 1
Der gegenwärtige Stand der Friedensbewegung 26
Meine Meinung über die Berechtigung der Friedensfreunde 49
Jules Simon an die Oesterreichische Gesellschaft der Friedensfreunde 59
Der Stern des Ares (Gedicht) 63